AF243617

RÉPONSE D'UN ÉLECTEUR

A M. LE MARÉCHAL DE MAC-MAHON

LE NUMÉRO : 5 CENTIMES

PRIX DE PROPAGANDE :

Pour Paris : 100 exemplaires 3 fr.
— 1000 — 30
Pour les départements : 100 exemplaires 3 fr. 50
— 1000 — 35

PARIS

GOUZIEN, 21, rue du Croissant

RÉPOHSE D'UN ÉLECTEUR

A M. LE MARÉCHAL DE MAC-MAHON

Monsieur le Maréchal,

Vous venez d'adresser au peuple français un Manifeste depuis longtemps attendu. Pardonnez à un simple électeur la liberté qu'il prend de répondre à ce Manifeste. Cet électeur est bien humble et d'une condition bien vulgaire, c'est vrai, pour se permettre d'entrer en correspondance avec une personnalité aussi élevée que la vôtre; mais ce qui relève peut-être un peu l'autorité de sa parole, c'est la conscience qu'il a d'exprimer la pensée de plusieurs millions de citoyens.

* *

Donc, Monsieur le Maréchal, après cinq mois d'attente, nous allons aller aux urnes. Et, dès maintenant, vous déclarez que vous n'entendez exercer aucune pression sur nos choix. Monsieur le Maréchal, vous êtes un honnête homme.

Ainsi, par vos ordres, la libre-circula-
tion va être rendue à tous les journaux dont
le colportage avait été entravé ; les écri-
vains vont reprendre leur franc parler et
n'auront plus à craindre d'être à chaque
instant déférés aux tribunaux par vos ministres et par vos préfets ; les cafés et les
cabarets fermés par vos agents vont de
nouveau être ouverts ; les cercles dissous
vont être admis à se reconstituer ; tous les
agents du pouvoir seront invités à ne plus
user de la force, pour faire pencher en faveur d'un candidat la balance qui doit
rester immobile entre tous ; bref, des me-
sures vont être prises par vos soins pour
que la liberté, confisquée aux électeurs depuis le 16 mai, leur soit enfin rendue !

Merci, Monsieur le Maréchal, grand
merci !

La liberté des électeurs est, en effet, la
condition indispensable pour que les ti-
tres des candidats puissent être discutés
comme ils le doivent. Aussi, nous vous
savons gré de la promesse rassurante que
vous nous donnez aujourd'hui.

*
* *

Tous les citoyens vont pouvoir juger
enfin votre probité ! Ils seront bien heureux de vous voir garder dans la lutte
l'impartialité sereine qui convient à votre
rang. Mais, Monsieur le Maréchal, prenez-

y garde ! si vous ne veillez pas, jour et nuit,
pour que vos promesses soient tenues par
les agents de votre gouvernement, si la
liberté des électeurs n'est pas entièrement
respectée par vos subalternes; si, *malgré
vous*, ceux-ci continuent, comme aujour-
d'hui, à peser de tout leur poids sur l'es-
prit des citoyens, votre réputation en
souffrira grandement, croyez-le, et vous
vous en apercevrez, sans aucun doute, au
jour du vote, à vos propres dépens.

*
* *

Cela dit, Monsieur le Maréchal, je dois
avouer que je n'accepte pas sans plaisir
l'idée de vous voir désigner au pays les
candidats dont le succès vous serait le plus
agréable.

En effet, du moment que vous n'im-
posez pas ces candidats au choix des électeurs, il n'y a pas de mal à ce que l'on
connaisse clairement vos préférences.

Ce sera même très-commode pour ceux
qui sont déterminés à voter, non pas contre votre personne, que tout le monde
respecte, mais contre votre politique, que
beaucoup se voient, avec chagrin, obligés
de condamner.

*
* *

Car votre politique, Monsieur le Maréchal, n'est pas bien comprise par tout le monde, il s'en faut ! Et c'est précisément, laissez-moi vous le dire, ce qui inquiète un peu l'électeur.

Vous voulez, affirmez-vous dans votre Manifeste, dissiper toutes les équivoques ! Oh ! comme c'est bien là, si vous l'aviez fait, ce qui nous eût réjouis tous !

Mais, hélas ! j'ai la douleur de constater, Monsieur le Maréchal, que l'équivoque n'a pas encore tout à fait disparu de vos discours ; si bien qu'à chaque heure, au lieu de diminuer, notre embarras s'accroît.

*
* *

Ainsi, quand nous vous entendons affirmer que vous ne voulez pas renverser la République, croyez-vous que nous ne sommes pas bien heureux ? Rien, non, rien n'est plus conforme à nos vœux.

Ah ! si seulement nous étions sûrs que vous agirez de façon à ce que la République ne puisse pas non plus être renversée par d'autres, notre bonheur serait vraiment sans mélange !

Mais, précisément, ce qui comprime un peu l'expansion de notre joie, c'est de voir que les candidats patronnés par vous sont tous des ennemis décidés de la République !

*
* *

Mon Dieu ! oui, Monsieur le Maréchal :

il y a quatre partis en France. Sur ces quatre partis, un seul veut la République; les autres : bonapartistes, légitimistes, orléanistes, disent eux-mêmes qu'ils fuient la République comme la peste. Et c'est justement dans ces trois partis que vous choisissez les candidats que vous présentez à nos choix !

Pourquoi cela, Monsieur le Maréchal? Est-ce raisonnable? Est-ce naturel? Est-ce juste ?

Quoi ! il n'y a pas, parmi tous vos candidats, un seul républicain ! Et vous voulez qne, nous autres républicains, nous ayons confiance en eux !

Quoi! tous vos protégés sont les adversaires les plus acharnés de la République; ils n'ont qu'une ambition : jeter la République à terre ; ils ne poursuivent qu'un but, ou plutôt ils en poursuivent trois : les uns veulent ramener en France la monarchie personnelle, dite légitime, quelques autres veulent y restaurer la monarchie constitutionnelle, la plupart travaillent à faire renaître l'Empire !

Et c'est sur de pareils hommes que vous comptez vous appuyer pour affermir, en France, le régime républicain !

Ah ! vous êtes bien imprudent, convenez-en !

Mais soyez tranquille, Monsieur le Maréchal; nous saurons, nous autres électeurs, avoir de la prudence pour vous ; et nous vous enverrons des députés que nous aurons choisis nous-mêmes et qui, ceux-là, loin de conspirer contre la République, n'auront pas de plus ferme désir que de vous aider à faire aimer ce gouvernement, le meilleur de tous, n'est-ce pas ?

*
* *

Les députés que nous choisirons, soyez-en certain. Monsieur le Maréchal, seront des hommes modérés. Ce ne sont pas eux qui mettront en péril les intérêts conservateurs.

Ce sont d'honnêtes pères de famille, des hommes, instruits et intelligents, de braves citoyens dévoués à leur pays, et nous les connaissons assez pour savoir qu'ils ne veulent détruire ni la famille, ni la propriété, ni la religion. Cessez, par conséquent, vos alarmes !

Puisque vous avez l'extrême bonté de nous laisser l'entière liberté de nos choix, vous ne nous en voudrez pas de renommer nos 363 anciens députés républicains, à qui nous avons donné notre confiance, et qui n'ont pas, permettez-moi de le dire, cessé de la mériter.

*
* *

En effet si depuis longtemps, comme vous l'affirmez avec raison, *l'ordre n'a pas*

été un seul moment troublé dans notre pays,
n'est-ce pas grâce à la modération de nos
députés, qui ont tout fait pour éviter les
conflits et qui ont tout fait aussi pour
mettre un terme à l'agitation que firent
naître, au commencement de cette année,
les manifestations cléricales.

Vous souvenez-vous, Monsieur le Maréchal, de l'arrogance avec laquelle les évê-
ques vous sommaient alors de faire la
guerre en faveur du pape ? Qui vous a mis
en état de résister à leurs prétentions ? C'est
la Chambre républicaine, n'est-il pas vrai ?
Et, par conséquent, ce n'est pas seulement
la paix intérieure que nous devons à la sa-
gesse de nos anciens députés. C'est eux
aussi qu'il faut remercier, si vous avez pu,
comme vous l'annoncez, *rendre de plus en
plus cordiales nos relations avec les puissances
étrangères.*

Et quand vous vous félicitez de voir
l'armée française reconstituée après tous
nos désastres, et que vous la proclamez
toujours digne de la France, vous ne pou-
vez vous empêcher sans doute de rendre
hommage, au fond de votre cœur d'honnête homme, aux efforts constants qu'a
faits la Chambre pour vous aider dans
cette œuvre patriotique. Vous savez qu'au
moment même où vous la frappiez du dé-
cret de dissolution, elle répondait à ce
coup en vous mettant généreusement dans
la main plus de deux cents millions pour

vous permettre de continuer l'armement du pays.

*
* *

Ce n'est pas tout ce qu'a fait la Chambre. Nous savons quelle a été sa sollicitude pour l'enseignement public, et nous lui en seront toujours reconnaissants.

Nous savons qu'elle a restitué à toutes les communes, excepté aux chef-lieux de cantons, d'arrondissements et de départements, le droit de nommer leurs maires ; et nous lui en serons toujours reconnaissants.

Nous savons que, par un examen attentif de nos dépenses, elle a introduit dans le budget plus de quarante millions d'économies ; et nous lui en serons toujours reconnaissants.

Cette Chambre, dans sa courte carrière, a su faire beaucoup de bien ; elle en aurait fait plus encore si on l'avait laissée vivre. Ce sont là des choses qu'on n'oublie pas.

Un Français, Monsieur le Maréchal, ne doit pas être ingrat !

*
* *

Voilà pourquoi nous sommes décidés à renommer nos 363 anciens députés et à nommer, en outre, dans les arrondissements autrefois représentés par des monarchistes, des hommes dévoués à la cause républicaine.

Grâce à l'appui d'une telle Chambre, vous pourrez, sans trouble et sans inquiétude, poursuivre l'œuvre du relèvement national. Vous pourrez en même temps, Monsieur le Maréchal, comme vous le désirez à bon droit, faire respecter la Constitution républicaine que les ennemis de la République, si nous les laissons arriver au pouvoir, s'empresseraient de déchirer. MALGRÉ VOUS.

*
* *

Non, nous ne commettrons pas la faute d'accorder nos suffrages à d'autres qu'à des républicains.

Et, après toutes les raisons que nous vous en avons données, faut-il vous en donner une nouvelle?

La voici... Monsieur le Maréchal, si nous tenons à ne nommer que des républicains, c'est parce que nous avons, comme vous, le désir de voir arriver au pouvoir *« une Chambre qui, s'élevant au-dessus des « compétitions de partis, se préoccupe avant « tout des affaires du pays. »*

Or, pour que des hommes ne se disputent point, c'est votre avis, sans doute, qu'il faut qu'ils soient d'accord.

Eh bien, les républicains sont d'accord,

admirablement d'accord, et c'est pour cela
que nous voterons pour eux...

Au contraire, dans une Chambre qui
serait composée de bonapartistes, de légitimistes et d'orléanistes, peut-il y avoir de
l'entente? Non, non, cent fois non ; et c'est
pour cela que nous ne nommerons ni des
bonapartistes, ni des légitimistes, ni des
orléanistes.

*
* *

Nous ne nommerons surtout pas les
gens qui refuseront de nous dire nettement le parti auquel ils appartiennent.
Car tout homme honnête doit servir un
parti.

Nous ne nommerons que ceux qui nous
diront : « Je suis républicain. » Et il ne
suffira même pas qu'ils disent : « Je veux
la République jusqu'en 1880. » Car trois
années, Monsieur le Maréchal, c'est bien
peu pour un pays qui, comme vous le di-
tes, a tant besoin d'ordre et de stabilité.
Nous ne nommerons que ceux qui nous
promettront d'appliquer tous leurs efforts
à consolider POUR TOUJOURS, en France,
le régime républicain.

*
* *

Si vous vouliez me permettre de répéter
vos propres expressions, Monsieur le Maréchal, je dirais que rien ne peut mieux

*facilit.r la marche régulière du gouvernemen t
républicain* que des élections nettement ré-
publicaines;

Que rien ne peut mieux *assurer l'ordre*;
Que rien ne peut mieux *assurer la paix*.

*
* *

Qu'arriverait-il, en effet, si, par malheur, les ennemis de la République l'empor-
taient ?

Comme les ennemis de la République ne sont pas d'accord entre eux, le conflit s'introduirait jusque dans la Chambre elle-même. Dès le premier jour, une lutte sans trêve s'engagerait entre les représentants des trois partis monarchiques : car chacun de ces partis s'efforcerait d'affaiblir les deux autres, afin d'être le plus fort au moment de la révision de la Constitution, en 1880. Ce seraient, on le voit, des chocs inces-
sants et des combats renouvelés chaque matin. VOILA POUR L'ORDRE !

Dans l'incertitude de ce qui se passerait en France en 1880, on comprend aisément ce que les affaires deviendraient. VOILA POUR LA PROSPÉRITÉ !

En même temps, les chefs du parti clé-
rical, qui depuis 1870 ont si bien profité de nos désastres pour lever chez nous la tête, profiteraient de nos troubles pour la lever plus haut encore.

Et comme il n'y a rien au monde que

l'Europe redoute plus que le cléricalisme, c'est alors vraiment que l'on pourrait voir notre malheureux pays *devenir un objet de défiance pour l'Europe.* VOILA POUR LA PAIX !

**

Ce sera donc notre raison, notre intérêt et notre patriotisme qui nous dicteront nos choix.

Nous ne voterons, Monsieur le Maréchal, que pour des candidats franchement républicains.

Et puisque, depuis le jour de la dissolution, le pays que vous consultez a eu cinq longs mois pour peser son vote, nous pensons que ce serait vous faire injure que de vous juger capable de protester contre la décision qu'il prendra.

Quelle que soit la volonté que le pays manifeste, vous êtes trop honnête et trop loyal pour vous révolter contre elle.

Aussi, irons-nous au scrutin pleins de confiance, avec le sentiment de notre liberté et de notre dignité.

Et bientôt vous reconnaîtrez vous-même, Monsieur le Maréchal, combien la France a raison de vouloir choisir elle-même ses députés : vous lui saurez gré de ne pas avoir suivi aveuglément les conseils inspirés par des ministres qui connaissent mal le pays !

UN ÉLECTEUR RECONNAISSANT.